Color

Color色彩

由内而外给你好气色

陈丽卿 著

中国妇女出版社

优雅女性的知己

北京《时尚》杂志社总编辑：吴泓

女人天性爱美，也善于追求美。美在乎自然，在于韵质。一位优雅的女子，犹如“好茶”，有形、有色、有余香，衣着、谈吐均和谐自然，让人觉得恰到好处，这样的女子是当今时尚女性的理想目标。

《时尚》杂志十余年来一直以宣扬“美”为基本事业，提供给女性读者关于美的各种讯息和最新理念，并且目睹了女人们越来越美丽的全过程。根据《时尚》的经验，将自己打扮漂亮，确实需要一定的技巧，但是，更加关键的是内心的美感，这种气质的培养完全不在一朝一夕，这才是时尚女子首先应该具备的“基本功”。

有上述基础的女子再来分析体味自己的穿着打扮，才能分辨理析，判断出什么是“雅”，什么是“俗”，什么是“艳”，什么是“淡”。这样的女子才真正懂得画龙点睛，懂得锦上添花，懂得“少即是多”的道理。

在陈丽卿女士的这套“时尚优雅系列”中，作者不仅用多幅精美图片为女性读者形象说明了何为“时尚优雅”，而且，她根据多年形象设计的经验，为“个人形象塑造”找到了六个切入点，即色彩、款式、配件、衣橱、形象、礼仪。由这六个方面去研究练习，读者便可达到自己的理想形象。

各位时尚女子，你可以美得张扬，也可以美得含蓄；你可以将对美的理解发挥得淋漓尽致，也可以展现性情中的多面，美得活泼斑斓，或许，你根本就从未发现自己还可以这样美！

华人穿衣美学的优雅推手

远东百货公司总经理：徐荷芳（于台北）

陈丽卿老师是远百集团的形象规划顾问，公司男女同仁开心地上了她的系列课程后，不但在专业服务上有所精进，个人的生活美学，从找到属于自己的色彩、款式到衣橱管理的点滴提示，获益良多，为忙碌的现代人节省了很多穿衣搭配上的力气和金钱。

经营百货商场这么多年，我深知女性朋友们甚至是男性朋友，经常为衣橱永远少一件的问题烦恼，所以该如何在众多纷杂的资讯中，借由专家的指点，找出适合自己的风格属性，进而凸显优点，修饰缺点，才是关键所在；对于没有时间、没有机会去上专业课程的粉领族来说，陈丽卿老师“时尚优雅系列” 这六本套书，从色彩、款式、衣橱、专业形象、配饰到礼仪，有系统地网罗了所有女性需要的各种形象规划专业知识，只要用心细细研读领会，就如同把专家请回家了一般。

在这套 “形象规划百科全书” 里，陈老师从 “时尚观点” 的角度，深入浅出地让读者了解概念性的理论；而系统化的知识，则用 “美丽秘笈” 来倾囊相授；至于可以让读者自行练习的部分，就通过“优雅任务” 来互动，字里行间充满了她智慧的结晶，以及想和读者内在、外在同步成长的用心，每个时尚、优雅的专业女性，书柜里都应该要有这套实用又好看的书。

陈丽卿老师正以她独特的影响力帮助每位女性找回自己的天生丽质，华人的穿衣品味若能得到全面的提升，她肯定是美丽而优雅的推手之一。

美丽，是“里应外合”的幸福感

陈丽卿

美丽、幸福，是所有女人的愿望。美丽，指的是自己看了满意、别人看了舒服的形貌；幸福，则是一种高层次的心灵满足状态。

这套书之所以命名为“时尚优雅系列”，是因为现代女人在创造时尚、优雅生活上的“潜力”是无限的，可惜的是，这些潜力往往尘封于灵魂的深处。一个女人如果能找到那把开启潜力的“无形钥匙”，那么，她就会进入一个无限创造的过程，在时尚潮流中优雅自持，活出自己独特的美感，简单地说，就是找到了经营自我的智慧与能力。而在经营自我的过程中，内在与外在是同等重要的，这也是现代女子的时尚进化信念。

美，是每个女人内在的根本需求；追求美丽，从来就不是为了别人，而是为了自己——为了满足自己对美的渴望、为了找到自己是谁！美丽从来不在别处，它就在你自己身上！想要找回天生丽质，当然要通过一些科学化、系统化的方法。

在我们形象管理学院的所有课程中，“色彩”是重要的入门课程。穿对色彩，我们的脸庞会被无形的美丽光环围绕着，让美由内而外，很自然地被呈现出来，让你眼睛闪闪发亮、脸上的笑容圆融满足，让你的每一天过得充实而有意义，整个人从内在到外在，进入了一个生生不息的正面循环——而这也就是“里应外合”的幸福感。

穿对色彩不仅是通往美丽的捷径，更是迈向成功的必经之路。当你穿着自己“皮肤色彩属性”的服饰之后，更要学习运用各种色彩的微妙情感。你将成为你内在的那位美丽女子，源源不绝的幸福感也会自然包围着你！找到自己全然的美，是每个女人生命中的重要课题，请相信自己值得拥有生活中美好的人、事、物，就像你值得成为一个美丽、幸福、时尚、优雅的女人。

时尚优雅系列从筹划到完成，
要感谢我生命中的许多贵人：
感谢北京《时尚》杂志社的不凡远见与全力动员；
感谢各大品牌与公司在图片上的鼎力相助；
感谢Channel拍摄出一帧帧赏心悦目的照片；
感谢可欣疏理文字、锻造章节内容的用心；
感谢小真编排封面、织就视觉美感的慧心；
当然，还有我家人和同事的全心支持。
谢谢所有读者，也愿你们美梦成真！

时尚优雅系列

谨献给

准备破茧而出，蜕变成彩蝶的你

美丽沉睡已久，正努力想将它唤醒的你

内在繁花盛开，外表也将如花绽放的你

才华识见不凡，为梦想踏上征途的你

事业成就斐然，已然成为领导人物的你

当然还有

那个用时尚优雅精神推动世界向美丽进化的你

CONTENTS

Chapter 1 美丽，从你的肤色出发

Chapter 2 幸福，从穿对色彩开始

CONTENTS

Chapter 3 智慧，从配色功力看出

Chapter 4 成功，从色彩能量实现

Chapter 1

美丽 从你的肤色出发

时尚女子宣言

不要叫我女强人，我一点都不“强”；
我只是知道如何照顾自己，不论内在或外表。

气色决定第一眼的美丽

时尚观点：把吸引力的焦点集中在脸上

图片提供/NINE WEST

成功的穿着，是让人第一眼就注意到你脸上所散发的光彩与自信，而不是你身上的衣服；如果他人乍见你时只看到身上的行头，那你一定是穿错了。特别是在成长与变化都呈十倍速跃进的时代，一个女人成熟、圆融的智慧，没有太多时间等待他人来深入了解或主动发觉，因为别人所能见到的，是你的外表。惟有一张充满自信、容光焕发的脸庞，方能在初见面时就大声说出你无可取代的内涵。如果能够学会将吸引力集中于脸上的技巧，使内在的美丽与独特转换成相对应的外表，一个女人的魅力将更历久弥新，禁得起考验。

“将焦点放在脸上”的观念在我们形象管理学院的课堂中不断地被强调，也越来越受到重视并得到验证。要如何把焦点集中到脸上呢？首先一定要找出你的“皮肤色彩属性”，也就是穿着让你的脸亮起来的服饰、颜色，以此为基础，让彩妆、发型以及在脸部附近的首饰也都能点亮你的美，才能让别人的目光情不自禁地伫留在你的脸上。

图片提供/北京《时尚》杂志社

图片提供/LACOSTE

图片提供/Salvatore Ferragamo

什么是皮肤色彩属性？

The secrets of your colors

从小到大，姐姐一直是我心目中最美丽、也最有品味的女人，在我还是个小女孩时就喜欢模仿她，期盼自己有一天也能像她一样。尤其是当她穿上杏桃色、乳白色、浅棕、骆驼黄这些温暖甜蜜的颜色时，自然流露的婉约气质实在令人着迷。我总是不断地学习她，而爱我的姐姐买漂亮衣服时也会一并买给我，只是当我穿上和她同样颜色的衣服时，感觉却完全不同。少女时代的我因此认定：自己大概本来就不漂亮，所以再怎么漂亮的衣服穿在我身上也美不起来。我把原因归于自己，却从未想过可能是“色彩”出了问题。

值得庆幸的是，后来我在美国攻读织品服装的硕士学位时，恰巧有机会接触到色彩学以及关于“皮肤色彩属性”的理论，才终于知道：原来，每个人都拥有一个与生俱来的“皮肤色彩属性”，就像人一生下来就有血型、星座一样。

图片提供/SHISEIDO

不同“皮肤色彩属性”的人，所适合的颜色也不相同。对于我而言，纯正鲜艳的冷色系，如正红、正蓝、纯黑、纯白等颜色，会让我看起来精神饱满、亮眼出众；可是杏桃色、乳白色、棕色这些暖色系的色彩，却使我脸色蜡黄、无精打采，仿佛三天没睡觉一样。姐姐的“皮肤色彩属性”与我不同，难怪我穿她的衣裳，非但穿不出她的气质，反而显得气色黯淡，好像东施效颦一般。

相信许多人就如同从前的我，不了解自己“皮肤色彩属性”的奥秘，一辈子都在模仿别人的穿着，或者是不遗余力地追随年年来了又去的流行。橱子里一再重复买着看起来美丽，穿起来却不对味的服饰，而从来没有找到真正属于自己的美丽。

往往这些困扰了你一辈子的问题，答案就在你的“皮肤色彩属性”。你知道究竟什么是“皮肤色彩属性”吗？

图片提供/LACOSTE

时尚观点：皮肤色彩属性秘密档案

自我介绍时，我们常会提及一些这辈子都不会改变的个人档案，例如：生日、星座、血型等等，这些档案说明了我们的独特。同样，“皮肤色彩属性”也是我们的个人档案之一。“皮肤色彩属性”是每个人与生俱来的皮肤色调，是由体内的三个色素：黑色素（Melanin）、血红素（Hemoglobin）和红色素（Carotene）以各种不同的比例组合后得出的结果。因为色素的比例组合是由基因所决定的，所以“皮肤色彩属性”一辈子都不会改变；即使夏天晒黑、冬天变白，或者长出了黑斑、老年斑、甚至皮肤状况变差，“皮肤色彩属性”仍然会维持原貌。

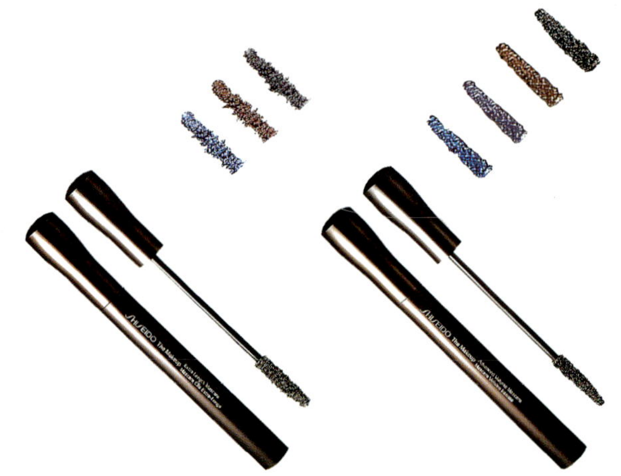

图片提供/SHISEIDO

至于“皮肤色彩属性”的分类，最广为大众所接受、运用的分法是分成“春、夏、秋、冬”四季属性。“春、夏、秋、冬”四季属性基于德国艺术家依甸（Johannes Itten）的色彩理论，经过后代许多色彩学家研发之后，广为应用在服饰、化妆、室内设计甚至心理学等领域。

“春、夏、秋、冬”色系中，春、秋属性为暖色系，夏、冬属性为冷色系。所谓的暖色系是指色彩的底色调带黄，例如红色加了黄色则为橙色，也就是红色的暖色系；绿色加了黄色为黄绿色，也就是绿色的暖色系。至于冷色系则是指色彩的底色调带蓝，如红色加了蓝色为紫色或桃红，也就是红色的冷色系；而蓝绿色则是绿色加了蓝色之后的结果，也就是绿色的冷色系。

图片提供/LACOSTE

图片提供/Salvatore Ferragamo

美丽习题：时尚佳人秘密档案

这个习题不必急着写完，某些空格等到你学会“时尚优雅系列”里的其他秘笈之后，自然就会填啦！

变动档案的部分，请记得定期更新，时尚佳人一定要对自己的身体了若指掌哦！

我的基本档案

生日：______年___月___日

星座：__________________座

血型：__________________型

皮肤色彩属性______季属性

我的变动档案

风格：____________ 罩杯尺寸：____________

体形：____________ 鞋子尺寸：____________

身高：____________ 帽子尺寸：____________

体重：____________ 手套尺寸：____________

胸围：____________________________________

腰围：____________________________________

臀围：____________________________________

产品提供/Alannah Hill

皮肤色彩属性让你发光

时尚观点：皮肤色彩属性与服饰、首饰、配件、彩妆、染发的关系

First impressions are also the last

皮肤色彩属性&服饰

当你了解了人天生就有一个皮肤色调后，选择服饰颜色的问题就变成“配色问题”了；也就是说，选择适合的颜色来“搭配”我们的“脸色”！脸是主角，选择可以让这个主角美丽、放射光芒的颜色，而不是看起来美丽、出色的颜色。因为看起来美丽的颜色如果无法衬托出你的亮丽，反而让你黯淡无光，那么它再美也毫无意义，只是徒然让你变成所谓的“衣架子”而已。

Color impact—show the incomparable you

事实上，穿着自己“皮肤色彩属性”的颜色，将会发挥奇迹般的功力——你的气色丰润年轻，脸上的皱纹、黑眼眶、斑点，这些岁月或疲乏的痕迹，也都会隐没在焕发的光彩里，几乎感觉不到它们的存在；反之，如果穿着服饰的色彩无法与你契合，其所造成的效果就是肌肤黯然失色，脸色变黄、变灰、显脏、显老，皱纹、黑眼眶、斑点不客气地“爬”出来，看起来也比平常疲倦，好像生病了或是没睡好，怎么看就是不对劲。

更重要的是：适合的颜色凸显你脸部的光彩，因而别人更能感受到你的自信与存在；不适合的颜色使你脸色黯淡无光，服饰相形之下更为突兀，因此削弱了你本人的“亮度”；同时，也因为你的衣服显得突兀，别人甚至连带开始观察你的身材，不再注意你本人，完全抹煞了你的存在感。

图片提供/BOSS

图片提供/YSL rive gauche

图片提供/Salvatore Ferragamo

皮肤色彩属性&首饰

如同衣服的颜色，首饰也有它的色彩与光泽，当然，对我们的皮肤色调也会造成不小的影响。你一定曾经见过某位太太全身披金戴玉、钻石亮闪闪，可是看起来却好俗好土，好似从地摊上买来的，你无疑会觉得这是个气质问题？然而，真正的原因可能还是在于“皮肤色彩属性”。

在这里，我要和你分享一个小故事：丽云，酷爱钻石，全身带的钻石价值不下数百万，可是看起来却像是地摊上买的次级水晶品。当我建议她不妨试试珍珠，她说：陈老师，我戴珍珠好难看。我曾经买了一串最贵的黑珍珠，戴了一次之后就锁在保险箱里再也没拿出来过。我说，怎么会？于是将上课用的一串偏黄的珍珠往她的身上一戴。当时，她的妈妈和先生都靠过来说她从来没有这么漂亮过（丽云是秋天属性），并且要以原来十倍的价钱买这串珍珠。当时我并没有卖给她，因为这串珍珠不但不是真的，而且是百货公司到处可见的物品。

适合你“皮肤色彩属性”的首饰，与你相得益彰，不仅让人美得高贵自然，连首饰的价值都会被衬托出来；戴了不适合的首饰，你不但不会发光，反而成为衬托首饰的“背景”。其实，只要想想：你希望别人说你很高贵，还是你戴的珠宝很高贵？你就知道该怎么做了。

图片提供/VERSACE

图片提供/Salvatore Ferragamo

图片提供/LACOSTE

The secrets of your colors

皮肤色彩属性&配件

配件虽然是地球上99%女人的最爱，却往往让人"又期待又怕受伤害"。很多女人对于配件，只搜集却不用，一方面不知道怎么用，再者也怕戴了显得不自然，或过于豪华引人注目。配件要搭配得出色的确不容易，不像衣服往往是买来就配好的，往身上一套即可，配件却需要花脑筋：从配件本身的色彩、材质、形状、大小、风格，和与衣服之间的搭配性，到几种配件相互之间的辉映都要考虑到。这也难怪，从"穿了衣服"晋升到"穿得很有品味"的幕后功臣就是"配件"了。

特别是眼镜、耳环、项链，就在你脸庞附近，搭配得当可以轻而易举地将他人的目光牵引到你的脸上，使你更加亮丽；相反，"过于朴素"或穿着不适合自己"皮肤色彩属性"的配件，很容易让整个装束失去焦点，没有重心，甚至失去光彩。所幸只要能找出你的"皮肤色彩属性"，从头到脚你用得上的配件，都可以很轻松地挑选出来。

图片提供/SHISEIDO

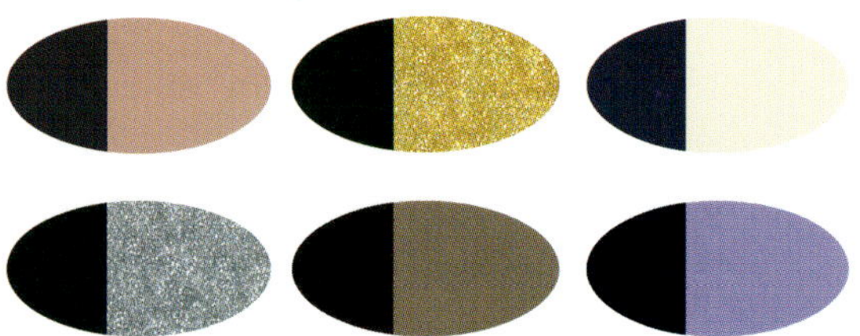

皮肤色彩属性&彩妆

一个高明的彩妆可以强调你的自然美，让肌肤看起来晶莹健康。其自然的程度会让别人觉得你气色很好、今天特别漂亮，而不会特别注意到你化了妆。这就好比女人的透明丝袜，也应该自然到别人看不出它的存在，只感觉到你的腿很漂亮一样。而找对适合自己的彩妆色彩是画出自然高明彩妆的第一步。

这里，我又有一位学员的小故事要讲了：书娴，原来是个“坚持不化妆的女人”。她说她曾经花了好几千元学了两个月的化妆课程，但是每次化了妆她先生都觉得反而不好看，于是根本不鼓励她化妆。直到她上了我们学院的“皮肤色彩属性”分析课程，才发现原来自己“变得不好看”的原因是彩妆色彩选择错误；在了解并尝试了自己“皮肤色彩属性”的彩妆色彩之后，在下一次上课时她说：“陈老师，你相信吗？昨天我化好妆跟老公出去吃饭，老公非但没看出来，还说我今天怎么这么漂亮，你说好不好笑！”

图片提供/SHISEIDO

粉底，是所有彩妆的根本。请注意：适合的粉底能够衬映你的肤色，让肤色晶莹剔透、散发出天然的光泽，而不是“改变你的肤色”，或是看起来很明显地像擦了一层粉，遮断了你自然的光泽。挑出了适合“皮肤色彩属性”的粉底色调后，请努力寻找与肤色深度相近的深浅度。在选购时，不要试擦在手背和脸颊处，而要试在下颚（脖子与下巴的交接处），然后再向脸部与脖子两处分别推匀。如果感觉十分自然融合，几乎看不出擦了粉底，那么这个粉底显然适合你。

其他的，如腮红、眼影、口红等也都是一样的道理，惟有使用适合个人“皮肤色彩属性”的色调，才能够让你美得自然、美得容光焕发。

皮肤色彩属性&染发

图片提供/VERSU

服饰在脸蛋下面，将脸蛋框起来，对你的气色有举足轻重的影响；同样，头发在脸蛋上面，将你脸蛋的上半部框起来，因此头发颜色的重要性并不亚于衣服颜色的重要性。更何况衣服颜色错了，可以靠首饰、丝巾或其他服饰色彩搭配来补救，而头发的颜色如果错了呢？你总不能天天里里外外戴帽子或包着头巾吧！

我见过太多踏进我们学院的女人，头发染了不适合的颜色，不但像戴了一顶不自然的假发，而且“面有菜色”整整好几个月，直到头发渐渐长出新的，原来的发色才又让她美丽起来。

图片提供/VERSUS

一般而言，让你最美丽的发色，就是上帝所赋予你的天然发色。对大部分的人而言，天然的发色能与脸色相互辉映、相辅相成，是让双颊红润、眼睛闪闪生光的反光板；除非你的基因制造出了问题，譬如肤色是带青调的“冬天皮肤色彩属性”，发色却是带金黄调的“秋天皮肤色彩属性”；或者是你正处于灰白夹杂的尴尬时期、或者是发色看起来干干涩涩的、再不就是为了特殊的造型效果，否则建议你不要轻易帮你的头发“换色”！而且在你染发之前，请别忘提醒自己：染发的最高指导原则就是“染出来要像真发（从你脑袋上长出来的），而不是像戴了一顶假发一样”。

你可以穿每一种颜色！

时尚观点：深深浅浅有学问

Color meanings and messages

每一种“皮肤色彩属性”的人，几乎都可以穿每一种颜色。

重点并不在于你能不能穿红色、能不能穿绿色、黄色或褐色…… 重点只在于这个色彩的“色调”、“彩度”与“明度”到底适不适合你。

譬如秋天属性的人穿绿色时，选择带有金黄或咖啡感觉的绿，如黄绿色、橄榄绿，将会比其他绿色，如正绿色、蓝绿色等更为理想，不仅气色变得更年轻丰润，气质也能充分显现。

至于冬天属性的人就需要选择正绿、鲜明的蓝绿、或加了黑的深绿。若是不小心穿到秋天属性的绿，气色将变得蜡黄。

春天属性的人适合鲜嫩的草绿，而不是过于暗沉的橄榄绿或偏蓝的蓝绿。如此，属于春天女人特有的晶莹肤色与婉约气质才能流露，否则看起来会显得老气严肃。

图片提供/陈丽卿形象管理学院

而夏天属性的人惟有选择带蓝且不鲜艳的粉蓝绿色或灰绿色，才是最理想的绿色。

当几年前你还不了解个中原由时，可能因为曾经穿过草绿色不好看，就让你从此认定自己不能穿绿色，而把全世界的绿色都否定了；其实也许你适合的，是正绿色或粉的蓝绿色。这就好比你曾交往过一个男友，有些不太愉快的经验，因而自此认定全世界的男人都很差劲一样，其实是非常可惜的。

产品提供/Boss　　图片提供/陈丽卿形象管理学院

产品提供/VERSACE　　产品提供/Bally

时尚小故事

The secrets of your colors

拿破仑的情妇约瑟芬，是位集美貌与智慧于一身的女人，她曾受到拿破仑的极度宠爱，也一度因拿破仑另结新欢而失宠。在某次重要的晚宴来临前，有消息传出拿破仑将带着那位新欢出席，这对约瑟芬来说，不啻是个重大的打击。然而聪明的约瑟芬并没有一哭二闹三上吊，她暗中打听出那位女子当晚将穿的是一套绿色的晚礼服，于是她便派人将宴会大厅所有的落地窗帘全部换成绿色，而自己则准备了一套乳白色的礼服。到了决定性的那晚，她的情敌完全消失在一片绿色的汪洋中，而她自己则成为一颗耀眼的星星。情场上的这一役，使约瑟芬赢回了爱人的心。

虽然约瑟芬的皮肤色彩属性已不可考，但你一生中从没想过、或者觉得微不足道、或者是知其然不知其所以然的色彩问题，可能正是你生命中一双无形的帮手。

Chapter 2

幸福从穿对色彩开始

时尚女子宣言

时尚女子，总是让自己随时随地，保持美丽状态，谁知道浪漫的邂逅哪一天会出现？从今天起，就要穿对色彩，让爱与美，联手召唤我要的幸福！

如何找出皮肤色彩属性？

时尚观点：同样是黄种人，皮肤色调大不同

观察自己的肤色，是找出“皮肤色彩属性”最直接的判断方法。

我常常被问到，黄种人与生俱来的皮肤色调不都是“黄”的吗？

只要用心观察，不难发现虽然同样是黄种人，有些人的皮肤黄中透着蓝（青）、粉红或灰褐的底色调；有些人则黄中带有金黄、象牙、杏桃红或蜜糖的光泽。要小心的是，不要将“蜡黄”的皮肤色调全归为是金黄色色调，其底色调可能是带蓝、带灰或带暗红的；而气色“红润”的人也不尽全是带有粉红的底色调，她的红润可能正透着金色或杏桃红的光彩呢！

除了从肤色上判断以外，从发色、眼珠的颜色上也可以看出“皮肤色彩属性”的端倪，特别是对西方人来说。而东方人的头发和眼珠的颜色变化比较少，不像西方人的那样变化多端，我并不建议你简单地从头发与眼珠的颜色来判断一个东方人的皮肤色彩属性，应该还是要以肤色为主。

图片提供/YSL rive gauche

下面的图表可以帮助你作“皮肤色彩属性”判断时参考：

春季属性

肤色：象牙白、杏桃红、杏黄、浅金褐
眸色：黑褐、深褐、金褐、 浅褐
发色：深褐、黑褐、褐、带褐的银白

夏季属性

肤色：粉红、灰褐、粉褐、青褐、灰暗红
眸色：黑褐、深褐、粉褐、灰褐
发色：灰黑、烟灰、深褐、黑褐、灰褐、银白

图片提供/Justine Taylor Made

秋季属性

肤色：象牙白、杏桃红、杏黄、蜜糖、褐、金黄
眸色：黑褐、深褐、金褐、浅褐
发色：深铁灰、深褐、黑褐、褐、带褐的银白

冬季属性

肤色：青白、青白微粉、青褐、青黄、青橄榄
眸色：黑、黑褐、深褐
发色：纯黑、黑褐、深灰褐、银白

产品提供/GAS

优雅任务：找出你的皮肤色彩属性

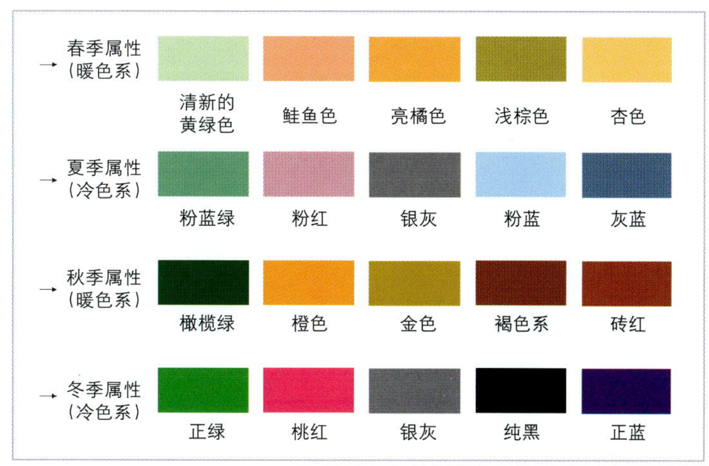

知道自己的"皮肤色彩属性"了吗？有些人的"原色"显著，有些人则错综复杂；你可以更进一步地比较以下四群色彩，并且想想在过去的穿着经验中，周遭人对你的赞美与你对自己的感觉，哪一群色彩让你最为亮丽？

春季色彩群——清新的黄绿、鲑鱼、亮金色、浅棕、杏色
夏季色彩群——粉蓝绿、粉红、银灰、粉蓝、灰蓝
秋季色彩群——橄榄绿、橙色、金色、褐色系、砖色
冬季色彩群——正绿、桃红、银灰、纯黑、正蓝

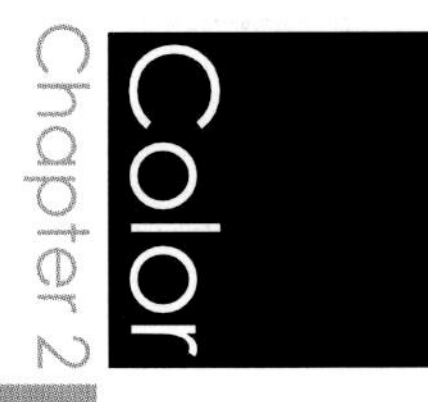

图片提供/北京《时尚》杂志社

A.若明显地只有一群色彩使你特别好看

你可能就是属于这个属性!

B.若是其中有两群色彩差不多

那么我们要进一步做严谨的比对：请先卸妆，同时卸下耳环、项链与眼镜，若染了头发，请用白布将头发包起来，然后找个自然光线充足的房间，将下列建议的颜色放在你的脸下，看看哪一个颜色使你的脸较为亮丽：

若同样是暖色系，进一步比较穿砖红好看或是桃红好看。若是砖红好，那你是秋天属性；若是桃红出色，则是春天属性。

产品提供/VERSUS

若同样是冷色系，请比较正蓝或灰蓝何者让你较为出色。若是鲜艳的正蓝，那你是冬天属性；若是灰蓝，则属于夏天属性。

若是一冷一暖，看看你穿正绿色或是黄绿色好。若是正绿好看，那可以将自己归类为冷色系群(冬天或夏天)；反之，则是暖色系群(秋天或春天)。

C.若发现有三群、甚至四群色彩穿起来都差不多

先不要高兴得太早，因为答案绝不是“你不管穿什么色都好看”（事实上我也还没遇到过这一种人），而是你对自己的色彩混淆了，这时请专业色彩分析师帮忙是我最由衷的建议了。

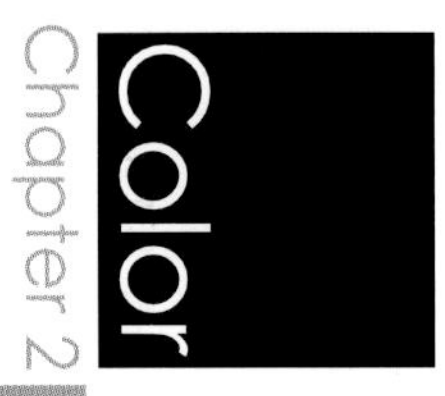

爱的叮咛：探索皮肤色彩请从"心"归零

做"皮肤色彩属性"的自我测试时，一定要非常谨慎，因为大部分的人（尤其是女人）对色彩的主观与偏好都很深，而这种成见是社会价值观经年累月所累积的结果。也许你因为自己特别喜欢金黄色、咖啡色等等，穿起来也蛮漂亮，亲朋好友亦给予很多的赞美，因而认定自己是秋天属性，其实大有可能还有其他颜色你穿起来更好看，只是你从未尝试过，因而自己最美的一面都还没被发现呢！

在我们的学员中这样的"误诊"屡见不鲜，情况往往是她们的兄弟姐妹或同事朋友上过课后，回去热心地帮她们诊断起色彩，总是以她们常常穿，而穿起来也不难看的颜色，认定是她们的色彩属性，却不知道这也许只让她们漂亮到自己的百分之六七十而已。然而大部分的人都不了解：错误的判断比不判断更糟，而正确的判断需要一双对色彩极敏锐的眼睛以及一颗毫无成见的心：所以请你在为自己"诊断"色彩时一定要非常小心，谨记：从"心"开始，一切归零。

春季女人的幸福色彩

时尚观点：让自己充满春天的新鲜能量吧！

四季最好的开始，是春天第一个有太阳的好天气。你与生俱来的“皮肤色彩属性”，有着春天般愉悦明亮的特质，在春天里，万物苏醒、百花盛开，幸福感无处不在。亲爱的春季女人们，别再让美丽冬眠啰！赶快穿上对味的色彩，让自己充满春天的新鲜能量吧！

Spring Color

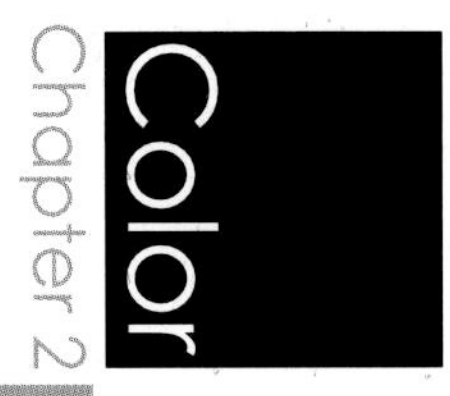

美丽秘笈：适合春季女人的服饰、首饰、配件、彩妆、染发色彩

春季色彩特色：透明、干净、轻快、带黄色调的暖色系

春季女人的服饰色彩

红：清新干净的橘红和正红
绿：清新而干净的黄绿色系，如刚发芽的嫩叶一般
蓝：各种清新干净的蓝、紫蓝和土耳其玉蓝，但不可是深的
黄：清新干净的柠檬黄以及柔和带金黄色调的淡黄
橘：清新干净的橘色系
紫：清新干净的紫色系，但不可是深色的
粉红：清新干净的珊瑚、杏桃、鲑鱼色
棕、褐：任何浅且柔和的棕褐色系，如淡棕、骆驼色、金褐
黑：部分使用即可，如印花；或者是有发亮感觉的黑，如绸缎或夹有亮葱的黑
白：牛奶白及较浅的象牙白
金：亮金
银：无

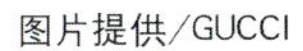

图片提供/GUCCI

春季女人的首饰色彩

宝石：适合清澈、干净的宝石，例如色泽清澈的红、黄、蓝宝石、翡翠、水晶等等；其他宝石如琥珀、珊瑚、象牙也可以尝试。

金饰：黄K金很适合春季女人。若戴黄金，宜选择设计细致的黄金，否则过于浓厚的黄金光芒会盖过你柔和的气质与肤色。

钻石：很适合单颗的钻石设计，并且最好以黄金或黄K来镶嵌；更可以尝试黄钻，效果非常好。

珍珠：色泽温润自然的珍珠很适合春季女人；若皮肤白皙的话，也可以佩戴粉红色珍珠。

春季女人的配件色彩

眼镜

一般眼镜：

镜框：适合淡金框、不过深的玳瑁框、或其他春天属性色彩的镜框。

镜片：除了透明镜片外，还可以选择带有淡褐色、蓝色或色彩清而干净的紫色镜片，以上色彩皆不宜太深。

太阳眼镜：

镜框比镜片重要。镜框的色彩只要为春天属性色彩皆可；若为黑色或深褐色，则建议要有k金或宝石的点缀设计。

皮包

基本皮包以棕褐色系、黑色、象牙白、海军蓝最易做搭配。

皮带

皮带头以金色最好做搭配。

鞋子

鞋子建议先买中性色，之后再添加其他色彩的鞋子。适合的中性色有棕褐色系、黑色、象牙白、海军蓝（与皮包同）。

图片提供/Salvatore Ferragamo

春季女人彩妆色彩范例

春季女人彩妆色彩

粉底：暖色系、带黄调的肤色，如象牙、淡黄、杏色。

腮红：珊瑚、清新的姜红。皮肤白皙的春季属性也可以使用粉红腮红。

眼影：象牙、杏黄、淡褐、淡棕，与清新柔和的黄绿、紫、蓝。

口红：珊瑚、偏暖色调(但不暗)的豆沙、与清新的橙红、正红及清新的桃红。

指甲油：要和口红颜色相调和。

春季女人的染发色彩

偏暖色调的棕褐色系，如深褐色、浅褐色、金褐色、蜜褐色、栗色等等，以及带有褐调的银白色。

图片提供/Salvatore Ferragamo

产品提供/BOSS

夏季女人的幸福色彩

时尚观点：让自己充满夏天的热情能量吧！

艳阳、海滩、冰可乐、午后的雷阵雨。夏，是四季之中最奔放的季节，夏季女人的气质既强烈又迷离，活泼的时候热力十足，沉静的时候又带点酷酷的疏离感。盛夏的太阳，肆无忌惮放送光和热，亲爱的夏季女人们，别再隐藏你的天生丽质了！赶快穿上合拍的色彩，让自己充满夏天的热情能量吧！

美丽秘笈：适合夏季女人的服饰、首饰、配件、彩妆、染发色彩

夏季色彩特色：粉彩或灰沌，含蓄、柔和、低调、带蓝色调的冷色系

夏季女人的服饰色彩

红：清新的正红如西瓜红，或者是酒红色
绿：各种不鲜艳的蓝绿色系皆可
蓝：任何浅到深的蓝，只要不过鲜艳即可
黄：粉彩的柠檬黄
橘：无
紫：粉紫、淡紫、或任何不鲜艳的深紫
粉红：所有的粉红色系
棕、褐：带玫瑰、烟灰的棕褐色系，如可可色、灰褐色
黑：烟黑色
白：牛奶白
金：无
银：所有的银

图片提供/VERSACE

夏季女人的首饰色彩

宝石

夏季女人可以选择色泽清澈的红、蓝宝石，以及猫眼石（蛋白石）、白色珊瑚、白色象牙、台湾玉水晶等带玫瑰色调或自然白色调的宝石。

金饰

白金能够与夏季女人的肤色相互辉映；黄金的色泽却会让气色变黄、变暗、没有光彩。

钻石

非常适合佩戴钻石，即使是假钻，也能因为和“皮肤色彩属性”相得益彰而熠熠生辉。

珍珠

泛白光的珍珠、灰色的珍珠和粉红光珍珠。

夏季女人的配件色彩

眼镜

一般眼镜：

镜框：适合白金框、灰色框、灰褐框、灰蓝框或其他夏季属性色彩的镜框。如果是黑色镜框，要是很细的镜框。

镜片：除了透明镜片外，还可以选择玫瑰、紫色调、蓝色调或灰色调的镜片。

太阳眼镜：

镜框的色彩只要是夏季属性色彩皆可，若为黑色或深褐色，建议要有白金或宝石的点缀设计。至于镜片可以选择玫瑰、紫色调、蓝色调或灰色调的镜片。

皮包

基本皮包以黑色、灰色、牛奶白、海军蓝、褐色系最易做搭配。

皮带

皮带头以银色最好搭配。

鞋子

鞋子建议先买中性色，之后再添加其他色彩。适合的中性色有黑色、灰色、牛奶白、海军蓝、褐色系。

图片提供/北京《时尚》杂志社

图片提供/Salvatore Ferragamo

图片提供/YSL rive gauche

图片提供/GUCCI

夏季女人的彩妆色彩范例

夏季女人的彩妆色彩

粉底：带粉红调的肤色，如玫瑰、浅茶。

腮红：粉红、酒红、豆沙。

眼影：烟灰、淡蓝、淡紫、粉红、鹅黄、薄荷、灰褐、灰绿。

口红：粉红、浅桃红、豆沙、芋紫、清新的正红。皮肤较黑的夏季女人可以尝试桃红色口红。

指甲油：要和口红颜色相互调和。

夏季女人的染发色彩

极近黑色的灰黑色、烟灰色、银白色和属于冷色系的灰褐色。

图片提供/GUCCI

秋季女人的幸福色彩

时尚观点：让自己充满秋天的典雅能量吧！

秋日如诗，谷物和果实都成熟了，满山的叶，由黄转红，这个季节特有的美丽，散发出迷人的气息。秋季女人天生有着深邃安适的从容特质，让人感觉很舒服、很想亲近。亲爱的秋季女人们，千万别让这天赋的美丽渐渐消失哦！赶快穿上适合你的色彩，让自己充满秋天的典雅能量吧！

Autumn Color

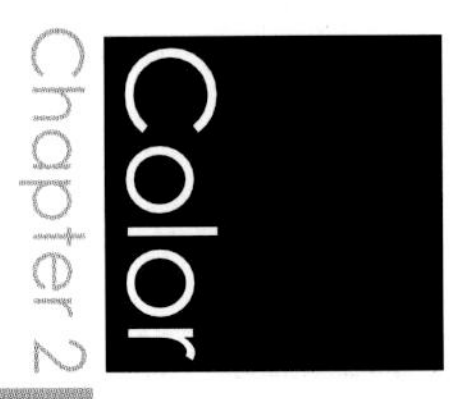

美丽秘笈：适合秋季女人的服饰、首饰、配件、彩妆、染发色彩

秋季色彩特色：浓郁、丰厚、成熟、带有金黄色调的暖色系

秋季女人的服饰色彩

红：橘红、砖红、咖啡红
绿：浓郁的暖绿色，如黄绿色、橄榄绿、芥末绿、杉叶绿
蓝：浓郁的紫蓝、土耳其玉蓝、绿蓝
黄：所有带金黄色调的黄
橘：所有的橘色系
紫：浓郁的、偏黄的紫色系
粉红：任何珊瑚、杏桃、鲑鱼色
棕、褐：所有的棕褐色系
黑：带有一点咖啡色或橄榄色暗示的铁灰色
白：任何带有黄调的白，如象牙白、米白色（只要不是纯白即可）
金：所有的金
银：无

图片提供/Salvatore Ferragamo

秋季女人的首饰色彩

宝石：适合温暖丰厚的暖色系，像黄宝石、颜色浓厚的珊瑚、白玉、古玉、琥珀、玳瑁等等；另外，铜饰、木头制品等也很棒。

金饰：秋季女人不但有本事把假黄金戴得像真黄金，双颊更会像朝阳的光芒般和煦丰润，气质亦高贵典雅。

钻石：适合黄钻而不是白钻，若是白钻，则要以黄金或黄K金来镶嵌。

珍珠：珍珠可以比春季女人戴得更黄，像珍贵的金黄色珍珠就很理想。绝对不要碰白光、粉红光、黑珍珠，看起来会像塑胶般毫无价值感。

图片提供/GUCCI

秋季女人的配件色彩

眼镜

一般眼镜：

镜框：适合金框、铜框、玳瑁框、或其他秋季属性色彩的镜框。

镜片：除了透明镜片外，还可以选择带有褐色或绿色调的镜片。

太阳眼镜：

镜框的色彩只要为秋季属性色彩皆可，若为黑色，建议要有k金或宝石的点缀设计。至于镜片则以带有褐色或绿色调的镜片为佳。

皮包

基本皮包以棕、褐色系、橄榄绿、乳白色最易做搭配。

皮带

皮带头以金色、铜色最易做搭配。

鞋子

鞋子建议先买中性色，之后再添加其他色彩。适合的中性色有任何棕、褐色系、橄榄色、乳白色。

秋季女人彩妆色彩范例

秋季女人的彩妆色彩

粉底：暖色系、带黄调的肤色，如象牙、淡黄、杏色、古铜。
腮红：珊瑚、姜红、砖红、橙褐。
眼影：象牙、杏黄、褐、古铜、金色、橄榄绿、金紫。
口红：橙红、橙褐、珊瑚、红豆红、砖红、铜红、褐色系。
指甲油：要和口红颜色相互调和。

秋季女人的染发色彩

所有偏暖色调的棕褐色系，如深褐色、浅褐色、金褐色、蜜褐色、栗色等等；以及橙黄色系、栗红色、带有褐调的银白色。

产品提供/BOSS

冬季女人的幸福色彩

时尚观点：让自己充满冬天的纯净能量吧！

冬日的寂静，让我们内心的声音更加清晰；冬天的寒冷，让我们更加依恋感情的温暖。雪地的冰封与节庆的喜乐，交织出冬季女人直指人心的魅力——干净、强烈、明亮，那出尘的美，总是让人惊艳。亲爱的冬季女人们，别让你的美丽终年冬眠呦！赶快穿上你的幸福色彩，让自己充满冬天的纯净能量吧！

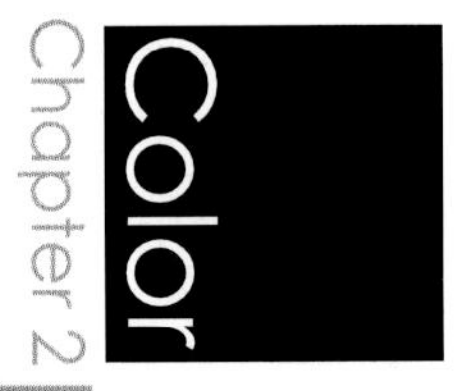

美丽秘笈：适合冬季女人的服饰、首饰、配件、彩妆、染发色彩

冬季属性色彩特色：纯正、干净、强烈、冰冷、带蓝色调的冷色系。

冬季女人的服饰色彩

红：正红、暗红、酒红
绿：正绿、鲜艳的蓝绿、深绿、冰绿
蓝：任何鲜艳的蓝(如正蓝、宝蓝）、明亮的水蓝、冰蓝以及任何海军蓝
黄：正黄、柠檬黄、冰黄
橘：无
紫：任何鲜艳的紫、冰紫
粉红：任何桃红、鲜艳的粉红、冰粉红
棕、褐：黑褐色
黑：任何的黑色
白：纯白(只要没有黄调的白即可)
金：无
银：所有的银

图片提供/GUCCI

冬季女人的首饰色彩

宝石

适合色彩浓郁艳丽、深邃饱满的宝石，如：红、蓝宝石，色泽偏冷绿的翡翠、祖母绿。

金饰

适合白金而不是黄金。若要戴黄金，可以在穿属性中较偏暖的颜色，如红色、紫色、黄色时，佩戴黄金才不致造成突兀感。

钻石

钻石会让冬季女人有如天上的星星一般闪烁！

珍珠

适合戴黑珍珠、灰珍珠、粉红珍珠、白光珍珠，但不宜戴偏黄的珍珠。

图片提供/LOEWE

冬季女人的配件色彩

眼镜

一般眼镜：

镜框：适合白金框、黑框、深褐框或其他冬季属性色彩的镜框。

镜片：除了透明镜片外，还可以选择玫瑰、紫色调、蓝色调或灰色调的镜片。

太阳眼镜：

镜框的色彩为冬季属性色彩皆可。至于镜片可以选择玫瑰、紫色调、蓝色调或灰色调的镜片。

皮包

基本皮包以黑色、灰色、海军蓝、酒红、深咖啡色、白色最易做搭配。

皮带

皮带头以银色最易做搭配。

鞋子

鞋子建议先买中性色，之后再添加其他色彩的鞋子。适合的中性色有黑色、灰色、海军蓝、酒红、深咖啡色、白色。

冬季女人彩妆色彩范例

冬季女人的彩妆色彩

粉底：冷色系、带粉红调的肤色，如玫瑰、浅茶。
腮红：粉红、酒红。
眼影：银灰、银黄、灰褐、紫、桃红、蓝、绿。
口红：粉红、桃红、酒红、樱桃红、黑莓紫、正红。
指甲油：要和口红颜色相调和。

冬季女人的染发色彩

自然黑、蓝黑、深褐色、深茄红、蓝紫、银白色等。

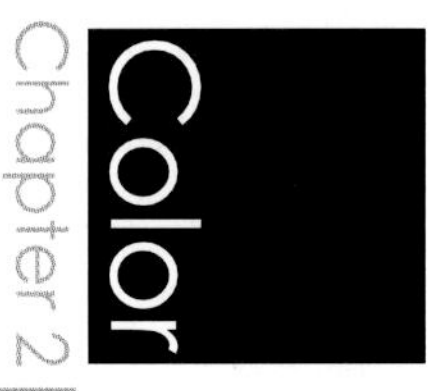

爱的叮咛：给“黑美人”与“白美人”的悄悄话

你是否怨叹自己的皮肤黝黑或苍白无血色？

在我们的课堂中，常常会听到许多动人的小故事。素云是我们的一位学员，她的皮肤黝黑，这一直是令她感到很难过、也很自卑的一点。虽然她在工作上的表现十分杰出，得到了很多肯定，可是身为一个女人，又活在这种“一白遮三丑”的时代，她为自己的肤色感到十分怨叹，每次站在镜子前都觉得怎么穿怎么难看。直到她了解了她的“皮肤色彩属性”属于秋天属性后，才发现自己的美丽简直是白白牺牲了这许多年。经过一段时间的尝试与练习，她完完全全改变了，不仅在外观上，因为正确的色彩使她天然的光彩焕发出来，虽然仍旧黑，可是黑得很亮丽，而不是原本黑得像铁生锈的感觉；又因为她对自己外观的改变十分满意，内心也跟着快乐起来，更别说因为充满自信而散发出来的吸引力了。

图片提供/Salvatore Ferragamo

要提醒大家的是，穿着的色彩固然和皮肤的黑或白有关，但关系的根本还是在于“皮肤色彩属性”。

只要你穿对色彩，就会黑得发亮、白得红润；反之，则会黑得暗沉、白得病态。所以，了解自己的“皮肤色彩属性”对黑美人们和白美人们也就更为重要了。

了解自己的“皮肤色彩属性”之后，黑美人们可以更进一步地选择你“皮肤色彩属性”中亮的、鲜艳的色彩，以更加烘托你亮丽的迷人光泽；相反，白皙的你则要选择“皮肤色彩属性”中淡的、或深沉的色彩，因为过亮的颜色会抢了你的光彩。

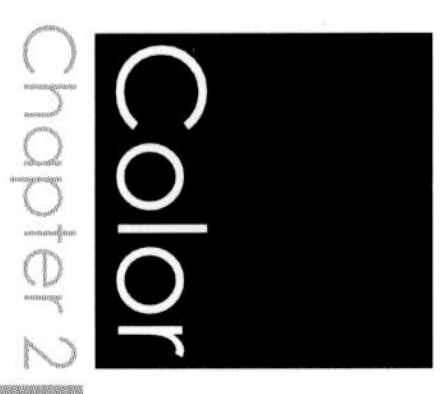

时尚小故事

墨洛哥王妃葛利斯·凯利的优雅、智慧与美丽迷倒了全球的男女老少。据说，珍珠是葛莉丝平日装扮的最爱，除非特别需要或造型，葛莉丝几乎总是选择珍珠当配饰。葛莉丝有位好友瑞塔·甘透露：葛莉丝经常配戴珍珠，我从来没问过她那些珍珠是真的还是假的。我想，她的珍珠应该是十八岁时父母送给她的高中毕业礼物吧！有一次，葛利斯和我还开玩笑地说："珍珠是真是假？一旦女人戴上珍珠，并认为它是真的，那这串珍珠就是真的。"

不是吗？珠宝是真是假一点都不重要，重要的是，女人让珍珠成真——只要珍珠的色泽与质感适合你，它就是真的。

Chapter 3

智慧从配色功力看出

时尚女子宣言

我用勇气追求梦想，也用智慧投资我的“形象资产”，
美丽和魅力无法量化，我回收的却是它们为我带来的非凡价值。

图片提供/SHISEIDO

基本配色法则

时尚观点：系统化配色法，让你轻松拥有与众不同的“美色”

你有自己穿衣服的配色原则吗？你偏爱“黑白配”，还是全身嘉年华般的五彩缤纷？要提醒你的是：保守的“中性色”不见得万无一失，若没有掌握好，会让整个人看起来灰突突的，消失在人群中。“鲜艳色”(此书的鲜艳色泛指非中性色的色彩)的搭配更要注意，一不小心就会像打翻调色盘一样让人眼花缭乱。惟有了解色彩之间的搭配关系，方能真正享受色彩搭配的乐趣，进一步拥有与众不同的“美色”！

图片提供/北京《时尚》杂志社

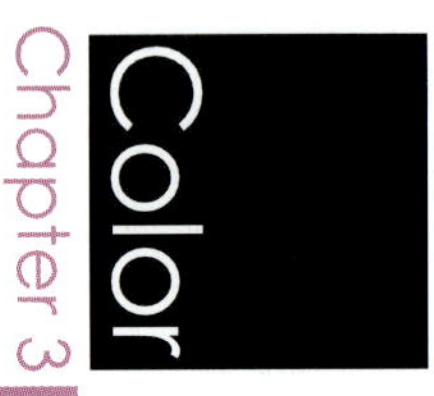

美丽秘笈：各种色彩搭配技巧

全身穿着相同颜色

全身穿着相同颜色在视觉上会呈现出很极致的感觉——极致的权威、极致的保守、极致的热情。一般而言，全身穿着相同的“中性色”服饰，如黑色、灰色、白色时，在视觉效果上都是可以被接受的；不过全身穿着相同的“鲜艳色”服饰，如红色、黄色、绿色、紫色时，可能因为色彩视觉效果过强，而把整个人淹没在色彩里，或者因为他人对色彩特别的好恶，而产生对你个人特别的判定。当然，如果搭配得宜，也可能让你出色得令人惊艳，而其中的奥秘都在于服饰的颜色与款式是否能与你个人的气质、风格相宜。

图片提供/Justine Taylor Made

全身穿着相同颜色时，可以利用服饰本身的剪裁线或者上下身不同的比例组合，创造出独特的线条比例与立体感；也可以考虑利用不同的服饰材质穿出层次感，例如：黑色的精梳羊毛套装搭配黑色丝衬衫，红色套头毛衣与红色牛仔裤搭配红色亮皮长靴。

图片提供/GUCCI

全身穿着相同色系

所谓的“同色系”，就是相同颜色的深浅变化，例如：桃红色、粉红色、紫红色，是红色系；黄绿色、草绿色、橄榄绿，是绿色系。若采取全身穿着同色系色彩“深深浅浅”的搭配方式，如中灰色西装外套搭配淡灰色套头针织衫与深灰色长裤，再加上银项链与铁灰色手包，可以让整体造型呈现出活泼却协调的美感。

全身穿着相同色系时，要特别注意全身服装的色块组合的协调感。在练习搭配的初期，最简易的方式便是以身上色块的面积来分——面积较大的色块为“主色”，面积较小的色块为“副色”。你可以取其中一个深色或浅色为“主色”（面积较大的色块），另一个深色或浅色当作“副色”（面积较小的色块），例如：穿着粉红色牛仔裤与粉红色上衣(浅色/主色)，搭配正红色皮带与马靴(深色/副色)。

产品提供/Justine Taylor Made

图片提供/Salvatore Ferragamo

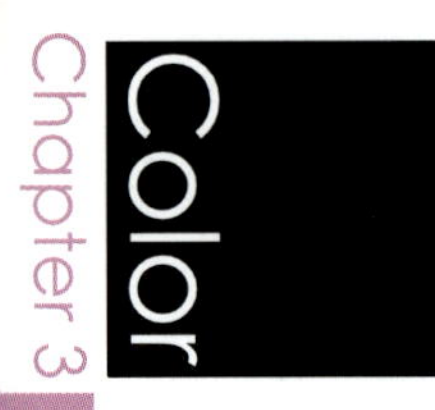

图片提供/LOEWE

全身穿着中性色

全身穿着“中性色”是最安全不会出错的配色方式，“中性色”所透露出的色彩语言是沉稳的、得体的，可以让你看起来有大将之风，例如：海军蓝套装搭配乳白色衬衫、黑色套装搭配银色衬衫。“中性色”彼此之间互相搭配的空间很大，只要灵活运用色彩面积比例，就能穿出许多不同的组合，非常适合粉领族。

中性色搭配一个点缀色

以经典的“中性色”为底色，再加上一个“鲜艳色”来点缀，是最受粉领族喜爱的搭配方式，因为“中性色”是得体的颜色，“鲜艳色”则可以用来表达心情，两者相配，在得体中让你创造出无限的变化，使穿衣配色变成一个有趣的创作过程。这个“点缀色”除了可以是特别喜爱的色彩、反映心情的色彩，也可以是当季流行的色彩，只要是你的“皮肤色彩属性”，都可以拿来灵活运用。例如：驼色套装(中性色)＋浅紫衬衫(点缀色)、灰色套装(中性色)＋粉红衬衫(点缀色)等。

产品提供/VERSACE

印花服饰的色彩搭配

印花服饰的色彩搭配，难度比较高，需要多加练习；不过可喜的是，一旦掌握搭配技巧，就能穿出让人惊艳的美感，并能塑造出鲜明的个人风格，印花服饰色彩的搭配，可细分如下：

(1)“素色+印花”的黄金搭配定律

如果不想让印花缀满全身，而想以“素色单品”来搭配“印花服饰”的话，最安全的“黄金搭配定律”莫过于：素色单品的色彩必须和印花中的某一个颜色相同。例如：米黄色上衣+咖啡色底、米黄色小碎花长裙；或白底、浅蓝色与深蓝色交织条文的连身洋装+深蓝色针织小外套。

(2)“素色＋印花”的对比色搭配原则

除了素色和印花中的某一个颜色相同之外，“素色＋印花”是否可以采用“对比色”的搭配方式呢？当然可以，不过，这样的搭配方式有一个很重要的前提，亦即在全身的比例上，印花服饰的面积不能太大，基本上，全身以素色为主，印花纯粹当作点缀性的装饰。这时，印花就可以是素色的对比色。例如：浅绿色连身小洋装＋橘色印花丝巾；或浅蓝色套装＋白底、亮黄色印花衬衫，把衬衫领翻到套装领之上，让亮黄色的印花只出现在领子的部分。

(3)上下身分属“不同印花”的搭配技巧

上下身若穿着“不同印花”的服饰，则两者的印花必须有强弱、主副之分。可以是上下身其中之一的印花色彩比较强烈（在色彩上分出强弱），也可以是上下身其中之一的印花图案比较大（在图案上分出主副）。另外，请避免把两个“有方向性”的印花一起穿在身上(如斜纹上身搭配直条纹下身)，因为杂乱无章的印花组合方式，不但无法表现出美感，还很有可能把身体变成印花的“战场”呢！

图片提供/北京《时尚》杂志社

(4)上下身分属“不同印花”的搭配技巧

上下身若穿着“不同印花”的服饰，则两者的印花必须有强弱、主副之分。可以是上下身其中之一的印花色彩比较强烈（在色彩上分出强弱），也可以是上下身其中之一的印花图案比较大（在图案上分出主副）。另外，请避免把两个“有方向性”的印花一起穿在身上(如斜纹上身搭配直条纹下身)，因为杂乱无章的印花组合方式，不但无法表现出美感，还很有可能把身体变成印花的“战场”呢！

图片提供/VERSACE

图片提供/NINE WEST

对比色的搭配

搭配对比色时，可以先选定一个主色，再以主色的对比色进行其他部分服饰的搭配。例如：紫蓝色长裤＋奶油黄套头衫，苹果绿迷你洋装＋粉橘腰带。对比色的搭配可以释放出色彩的强烈力量，是让你成为大众瞩目的最佳女主角的好方法。

让配色亮起来

时尚观点：各种让配色“亮”起来的方法

全身色彩可以有多少？

一般而言，全身的色彩以不超过三种为宜，这虽然不是铁定的规则，却是适用于大多数女人的好原则。全身上下可以同时出现的色彩种类数量，跟个人的风格、气质息息相关，对典雅型的女人来说，色彩种类不宜太多；对艺术型的女人来说，再多的色彩只要搭配得宜，就会很好看（关于风格方面，可以参考“时尚优雅系列——形象”一书）。这三种色彩的搭配比例也有学问，最好是“大量的主色”，配上“局部的副色”，再加“一点点的点缀色”，例如：灰色小喇叭裤，配上浅蓝衬衫与粉红凉鞋。

图片提供/Bally

色彩需要“吊味”

就像画龙要点睛一样，我们在做服饰的整体色彩搭配时，可以匠心独具地把色彩的味道给“吊”出来，如此整个造型将变得更有层次感、更有生命力。吊味的秘诀有三：

一、全身都穿同一种颜色时，可以利用不同材质的“不同质感”将色彩的味道“吊”出来。例如：穿着黑色套头毛衣和黑色毛料长裤（这两者材质类似）时，若能搭配一条黑珍珠项链，或一只黑色毛皮包，就能因为黑珍珠的“亮”，或毛皮包的“润泽”，让全身原来的黑显得典雅而不单调。

二、“对比色”的吊味方式可以点出原色彩的灵魂。例如：全身的紫色装束，若能配上黄色的配件，紫色和黄色都会因为另一个对比色单品的搭配而更显出色、两者相得益彰。

三、以“色彩不同的明暗度或彩度”来吊味也很好用，例如：全身以暗色为基调，穿着深咖啡色长裤搭配深橄榄绿衬衫及深咖啡色高跟鞋时，若能加上一条色彩明亮的橙色腰带，就能吊出各种不同深色服饰的生命力。

产品提供/ Wayne Cooper

色彩搭配也有黄金比例

首先，全身的色块要避免1:1的组合，尤其是穿着“对比色”时。例如穿着一件长度到腰部以下10厘米处的白色上衣，如果再搭配一件黑色及膝裙，上衣和裙子的色块面积就成了1:1的比例，此时看起来会显得呆板。

专家研究显示，黄金比例是1:0.618，约略为5:3左右，或是其类似比例——3:2或2:1，都是挺好看的比例。以上述的例子来说，如果把黑色及膝裙换成长裙，也就是把下身的比例拉长，整体看起来就会很好看。

另外一个配色黄金比例，是70:25:5，这是指全身各个色块所占的比例，例如：套装（外套加裙子）面积最大，占70%；衬衫面积次之，占25%；首饰的面积最小，只占5%。当你在选择要穿什么服饰时，可以先从“大处”着手，先决定色块面积最大的单品，再来搭配其他的25%和5%，配起色来就会很省事。

图片提供/GUCCI

色彩搭配要有连续性的美感

色彩的搭配要有连续性的美，也就是让同样的色彩(或同样的彩度或明度)有韵律地出现在整体配色中，营造出重复性、可以相互辉映的美感，这也是为什么全身的配饰，如耳环、项链、皮带头、手镯等等，可以选择同质性金属(譬如都是银饰)的原因了。这样搭配虽说不是百分之百绝对好看，但却是最不容易出错的。这个原则最常被运用的方式是：全身穿戴同一种色彩或同一种色系的配饰，如：乳白色套装搭配黄绿色衬衫与橄榄绿提包（同色系的连续性美感）。

美丽秘笈：色彩搭配和身材特色大有关系

视觉效果上，浅色有放大的作用，深色有缩小的作用，如果你的身材有某个部位比例比较大，可以利用深色来修饰；如果你想让某个部位看起来比较丰满，就可以穿浅色来增加它的视觉分量。例如体型为草莓体型的女人，也就是宽肩窄臀，可以利用“上深下浅”的方式，达到视觉上的平衡；反之，上深下浅的搭配只会让西洋梨体型女人的下半身更显硕大了。另外，在挑选泳装时，一定要牢记这个原则，如果你想让腰身的曲线更纤细窈窕，不妨选择腰部附近有深色设计的泳装喔！

Chapter 3

入门配色技巧

美丽秘笈：从第一个“主色”开始

在练习服饰配色初期，建议你可以依自己的“皮肤色彩属性”，挑选一个适合的色彩作为“主色”，当成这段时间穿着的主轴色彩(这个色彩也常成为你的“风格宣言”)；选定“主色”之后，再挑选其他两到三个色彩作为“副色”来搭配，如此一来，你就能够很快地建立起自己独特的风格。通过时间的累积，将会逐渐加深你在别人心中的印象，当别人看到你的“主色”时，便会直接联想到你。

用第一个“主色”建立个人风格的时间，至少需要有一季。到了下一季，你可以自由决定是否要再换成其他“主色”，以及和“主色”相配的两到三个“副色”。如此练习一阵子，相信你就能发展出属于自己的服饰配色哲学了。

图片提供/北京《时尚》杂志社

爱的叮咛：黑色非万能

只要是时尚佳人，很难不迷恋黑色。因为传说中的黑色，会让人显瘦，看起来既神秘又性感。可惜，春、夏、秋、冬四种“皮肤色彩属性”的佳人，不见得都适合穿黑色。如果你的“皮肤色彩属性”和黑色“八字不合”，黑色反而会像加了一层遮罩似的，遮去你的天生“美色”，让你的脸蛋黯淡无光。而且千万别以为穿黑色看起来就瘦，因为如果你的脸蛋无法聚焦，别人自然而然会注意到你的身材，黑色是所有颜色中最深的一种，反而让你更加显眼，也因此使得被黑色所包裹的身体曲线无所遁形，岂不是适得其反？

另外黑色固然能跟任何颜色搭配，可是如果因为穿着黑色，就随便搭配其他服饰，整体造型反而会大大的扣分，也有可能你身上的黑色会让看起来你无聊乏味呢！

Chapter 4

成功 从色彩能量实现

时尚女子宣言

时尚女子，总是让自己随时随地，保持美丽状态，谁知道浪漫的邂逅哪一天会出现？
从今天起，就要穿对色彩，让爱与美，联手召唤我要的幸福！

虽然服饰色彩的意义会随着时代、文化、社会、时尚潮流而改变，而且大部分的颜色同时都具有正面与负面的意义，但我们仍然可以通过色彩心理学的基本知识及灵活应用，让自己身上的服饰色彩“说对话”，进而帮助我们“心想事成”，换言之，服饰色彩正是我们可以随时应用的生活秘诀！这个章节就要告诉你如何在宽广的“色彩心理学”中悠游翱翔，并利用不同的服饰色彩搭配组合，来传达你所要传达的讯息；做个名符其实掌控气氛、主导情势的时尚女子，一点都不是难事！

产品提供/GAS

中性色的色彩能量

时尚观点：掌握中性色，赢得每一个成功契机

产品提供/BOSS

黑色、灰色、白色、海军蓝以及褐色系等较为保守稳重的色彩，称为“中性色”。“中性色”不但是粉领族巩固专业权威的最佳拍档，同时也是服装搭配时最经典的底色，更是永远不受流行风潮影响的颜色。“中性色”极具包容力，不但可以彼此互相搭配，也可以利用适合你“皮肤色彩属性”的其他“鲜艳色”来为整体造型画龙点睛。建议时尚女子们：投资报酬率最高的购衣方法就是先从“中性色”服饰开始购置，然后再慢慢添加其他的“鲜艳色”服饰，慢慢地，你会发现，只要十几件单品就能变化出四十种以上的搭配方式，这些在我们《时尚优雅系列——衣橱》一书里都会毫不保留地分享给你！

美丽秘笈：各种中性色的色彩密语

黑色

黑色的不可取代

黑色的强烈，呈现出非常两极的感觉——可以穿得极奢华（时尚人士、业界精英偏爱穿黑色服饰），也可以穿得极贫穷（像是已经没有其他颜色衣服可选择的感觉）。就像著名服装设计师Sonia Rykiel说的："黑在人强时最能衬出优点，但人弱时却不敌黑的力量。"

黑色能量

象征权威、高雅、低调、创意。

黑色禁忌

黑色也意味着执着、冷漠、防御，视服饰的款式与风格而定。有些黑色服饰婚丧喜庆皆可穿，你所选择的服装款式和质感，会为你所穿的黑色下定义，特别是想穿黑色服饰参加喜宴时，需要事先知道主人是否在意。

WHO & WHEN

黑色因为很低调，为大多数主管或白领专业人士所喜爱。当你需要极度权威、表现专业、展现品味、不想引人注目或想专心处理事情时，例如高级主管的日常穿着：主持简报、在公开场合演讲、写企划案、创作、从事跟"美"、"设计"有关系的工作时，可以穿黑色。

灰色

灰色的不可取代

灰色是个极有知识分子味道的色彩，也是最挑人、挑衣服品质的色彩。

灰色能量

象征诚恳、沉稳、考究。其中的铁灰、炭灰、暗灰，在无形中散发出智慧、成功、强烈权威等强烈讯息；中灰与淡灰色则带有哲学家的沉静。

图片提供/VERSACE

灰色禁忌

有时会给人高傲、冷淡、我行我素的感觉。另外选择灰色服饰时，一定要注重款式、布料和做工，简单地说，就是整体质感要好，否则整个人看起来会有黯淡无光、一副没精神的样子，甚至造成邋遢、不干净的错觉。

WHO & WHEN

灰色在权威中带着精确，特别受金融业人士喜爱；当你需要表现智慧、成功、权威、诚恳、认真、沉稳等场合时，可穿着灰色衣服现身，例如：到企业文化较保守的公司面试、参加商务会议、拜访传统行业的客户时可穿铁灰、炭灰或深灰。中灰与淡灰色则适合从事艺术或思考创意工作的人穿着。

白色

白色的不可取代

在光谱中，白色包含了色环上的所有颜色，是包容力最强的一个颜色。

白色能量

象征纯洁、神圣、善良、信任、开放与冷静。

白色禁忌

身上白色面积太大，会给人疏离、梦幻的感觉。（除非是很时髦的衣饰，或者是医护人员。）

WHO & WHEN

白色的鲜明亮丽，以及专业中不带有强烈压迫感的特质，颇适合职场穿着。当你需要赢得做事干净利落的信任感时可穿白色上衣，像基本款的白衬衫就是粉领族的必备单品。

图片提供/VERSACE

图片提供/GUCCI

海军蓝

图片提供/Salvatore Ferragamo

海军蓝的不可取代

海军蓝是最理性的色彩，并且富有干练积极的行动力。

海军蓝能量

象征权威、保守、中规中矩与务实。

海军蓝禁忌

穿着海军蓝时，配色和“吊味”的技巧如果没有拿捏好，会给人呆板、没创意、缺乏趣味的印象。

WHO & WHEN

穿深蓝色服装的时尚佳人融合着理性、中规中矩的感觉与干练积极的行动力，就像蓝宝石般有着深邃的力量，让她在专业领域内无法被取代。适合强调一板一眼、颇具执行力的专业人士，例如保守传统行业的管理者的日常穿着。除此之外，在希望别人认真听你说话、表现专业权威时，不妨也穿深蓝色单品，例如：参加商务会议、记者会、提案简报、到企业文化较保守的公司面试、或讲演严肃或传统主题时。

褐色

棕褐色的不可取代

棕褐色具有千年古老灵魂，有着“大地之母”的稳定。虽然不引人注目，却非常耐看，能呈现出高雅而低调的乡村贵族气。

棕色

棕褐色能量

典雅中蕴含“安定”、“沉静”、“平和”、“亲切”等意象，给人情绪稳定、容易相处的感觉，

咖啡色

棕褐色禁忌

朴质的褐色、棕色、咖啡色系有时也会让人感到沉闷、单调、老气、缺乏活力。

WHO & WHEN

当需要表现友善亲切时，可以穿棕褐、咖啡色系的服饰，例如：参加部门会议或午餐汇报时、募款时、做问卷调查时。当不想招摇或引人注目时，褐色、棕色、咖啡色系也是很好的选择。

图片提供/GUCCI

图片提供/Salvatore Ferragamo

图片提供/YSL rive gauche

鲜艳色的色彩能量

时尚观点：善用鲜艳色，展现真我风采

Color impact — show the incomparable you

如果说中性色具有稳定的力量，鲜艳色就是心情的最佳催化剂。一般而言，同一个色系中，色彩越鲜艳，给人的感觉就越热情；色彩越淡柔，给人的感觉就会越柔和。现在让我们一起看看“鲜艳色”如何替你表情达意，展现你的百变风采！

美丽秘笈：各种鲜艳色的色彩密语

红色

红色的不可取代

红色的能量充沛，是最“全然”的色彩——全然的“注意我”、全然的自我、全然的自信、全然的掌控、全然的爱与恨。

红色能量

象征热情、性感、权威、自信。

红色禁忌

有时候会有血腥、暴力、忌妒、控制的印象，容易造成心理压力，因此与人谈判或协商时则不宜穿红色；预期有火爆场面时，也请避免穿红色，以免造成“火上加油”的反效果。

WHO & WHEN

当你想要在大型场合中展现自信与权威的时候，可以让红色单品助你一臂之力，例如：要在300人以上的场合演讲、记者会、喜庆宴会等场合。至于红色内衣，可以为你制造最热情的浪漫。

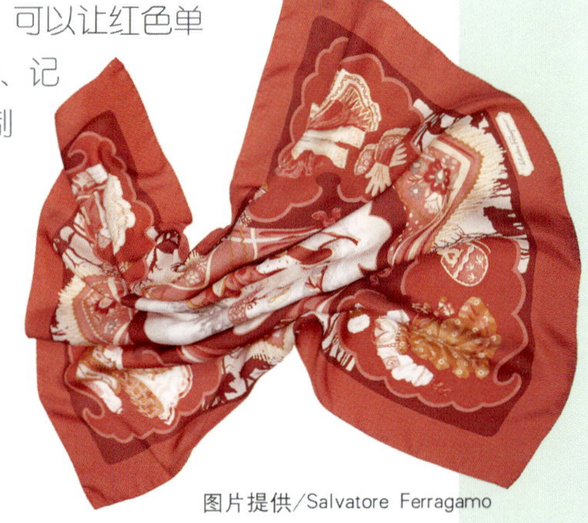

图片提供/Salvatore Ferragamo

图片提供/北京《时尚》杂志社

粉红色

粉红的不可取代

没有任何一个颜色可以像粉红这么的小女孩，这么的惹人怜爱，是不但自己看了舒服，也让别人感觉很舒服的颜色。

粉红能量

粉红象征温柔、甜美、浪漫、没有压力，可以软化攻击、安抚浮躁。比粉红色更深一点的桃红色则象征着女性化的热情，比起粉红色的浪漫，桃红色是更为洒脱、大方的色彩。但是桃红色的艳丽很容易把人淹没，因此不宜大面积使用。

粉红禁忌

在需要权威的场合，不宜穿大面积的粉红色，并且需要与其他权威色彩做搭配。而桃红色的艳丽则很容易把人淹没，在某些场合也不宜大面积使用。

WHO & WHEN

粉红是恋爱的好颜色。除此，当你要和女性谈公事、谈合作提案，或者需要源源不绝的创意时、安慰别人时、从事咨询工作时，粉红色都是很好的选择。

橙色

橙色的不可取代

富于母爱或大姐姐的热心特质。

橙色能量

橙色给人亲切、坦率、开朗、健康的气氛；介于橙色和粉红色之间的粉橘色，则是浪漫中带着成熟的色彩，让人感到安适、放心。

橙色禁忌

若搭配俗气，会给人婆婆妈妈的感受。

图片提供/YSL rive gauche

WHO & WHEN

橙色是从事社会服务工作时，特别是需要阳光般的温情时最适合的色彩之一。

Color impact - show the incomparable you

黄色

黄色的不可取代

黄色是明度极高的颜色，能刺激大脑中与焦虑有关的区域，具有警告的效果，所以雨具、雨衣多半是黄色。

黄色能量

艳黄色象征信心、聪明、希望；淡黄色显得天真、浪漫、娇嫩；金色则是富贵与地位的表征。

黄色禁忌

艳黄色有不稳定、招摇，甚至挑衅的味道，不适合在任何可能引起冲突的场合，如谈判场合穿着。

WHO & WHEN

黄色适合在任何快乐的场合穿着，譬如生日会、同学会；也适合在希望引起人注意时穿着。

图片提供/LOEWE

绿色

产品提供/GAS

绿色的不可取代

绿色给人无限的安全感受，在人际关系或和平关系的协调上，可扮演重要的角色。

绿色能量

绿色象征自由和平、新鲜舒适；黄绿色给人清新、有活力、快乐的感受；明度较低的草绿、墨绿、橄榄绿则给人沉稳、知性的印象。

绿色禁忌

绿色的负面意义，暗示了隐藏、被动，不小心就会穿出没有创意、出世的感觉，在团体中容易失去参与感，所以在搭配上需要其他色彩来调和。

WHO & WHEN

绿色是参加任何环保、动物保育活动、休闲活动时很适合的颜色，也很适合做心灵沉潜时穿着。

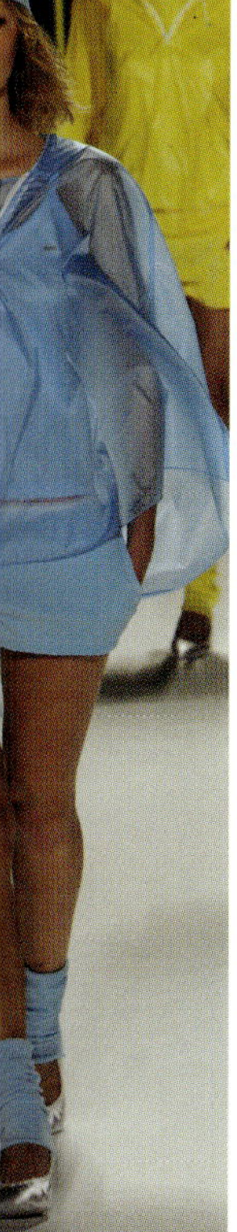

片提供/LACOSTE

蓝色

蓝色的不可取代

蓝色是灵性知性兼具的色彩，在色彩心理学的测试中发现，几乎没有人对蓝色反感。

蓝色能量

明亮的天空蓝，象征希望、理想、独立；暗沉的蓝，意味着诚实、信赖与权威。正蓝、宝蓝在热情中带着坚定与智慧；淡蓝、粉蓝可以让自己、也让对方完全放松。

蓝色禁忌

蓝色在美术设计上，是应用度最广的颜色；在穿着上，同样也是最没有禁忌的颜色，只要是适合你皮肤色彩属性的蓝色，并且掌握好搭配的原则，都可以放心穿着。

WHO & WHEN

想要使心情平静时、需要思考时、与人谈判或协商时、想要对方听你讲话时，均可穿蓝色。

图片提供/Salvatore Ferragamo

紫色的不可取代

紫色的光波最短，在自然界中较少见到，所以被引申为象征高贵的色彩。

紫色能量

紫色象征着优雅、浪漫、思怀，并且具有哲学家的气质。淡紫色的浪漫，不同于粉红小女孩式的，而是像隔着一层薄纱，带有矜贵、神秘、高不可攀的感觉；而深紫色、艳紫色则是魅力十足、有点狂野又难以探测的华丽浪漫。

紫色禁忌

若时、地、人不对，可能造出高傲、矫揉造作、轻佻的错觉。

WHO & WHEN

当你想要与众不同，或浪漫中带着神秘的时候，可穿紫色服饰。

爱的叮咛：色彩运用还有进阶秘技喔！

单一色彩的“色彩心理学”只是整个造型技巧中的一个部分，你还可以利用服饰的材质、款式，让色彩更能达到你要的效果！以下就为你介绍色彩运用的进阶秘技：

色彩VS.服饰材质

布料的厚薄、透明度以及闪色（反光）的程度，都会影响色彩所呈现出来的视觉效果。一般而言，硬挺的布料能让人看起来较有权威感，柔软的布料让人显得放松、柔和些；厚实的布料让人感觉较严肃，透明度较高的布料如雪纺纱，看起来就浪漫多了；不会反光、雾面处理的布料看起来较保守、稳重，但反光度较高的闪光布料，如真丝、绸缎等，就非常具有华丽感。同样是白衬衫搭配深蓝色长裤，深蓝色毛料长裤看起来就很有专业权威感；但如果是深蓝色丝缎长裤，感觉就是华丽的。

产品提供/Alannah Hill

图片提供/GUCCI

产品提供/Alannah Hill

色彩VS.服装款式

款式跟色彩一样，也会说话。同样是全身穿着黑色，黑色套装透漏着权威，黑色高腰帝王剪裁小洋装展现高雅气质，黑色T恤喇叭裤则看起来很有创意。

色彩VS.色彩面积

色彩心理学的学问在于“面积比例”的慧心运用。举例来说，粉红色是公认可以让人舒服、沉静下来的颜色，但如果把整个家的墙壁全都漆成粉红色，连同地毯、床单、被单、枕套也都是粉红色，住在里面的人将因为排山倒海而来的粉红色而感到不安、焦躁。所以如果身上穿着强烈色彩的面积很大的时候，就要特别注意首饰、配件的色彩搭配，千万别让自己身上的色彩变成别人的视觉压力来源！

让适合你的色彩
为你召唤美丽与幸福

在经过了皮肤色彩属性、四季女人的幸福色彩、基本配色法则以及服装色彩心理学的洗礼之后，相信你一定颇有心得了。现在，让我们再次回味皮肤色彩属性的神奇魅力，希望你很快就能把自己的美丽召唤回来，漂漂亮亮过着幸福的日子！

图片提供/北京《时尚》杂志社

穿对色彩，从内而外焕发你独特的气质

“找出合自己的色彩”是一个人建立形象的基础。它不是去改变一个人，而是让人回归真正的自我：借助适当的色彩，点燃你的“光”；而这散发在脸上的“光”彩，正是你内在的涵养，透过外在的呈现。这也解释了为什么穿对色彩，个人独特的气质也就跟着彰显。

“穿对颜色，彰显气质”在我们学院里已经有太多的验证，像晓瑜，过去一直都穿她的先生和婆婆喜欢的保守秀气、较“乖”、较“有气质”的颜色，例如粉红色、粉蓝色等等，但是，不但在我们看来、甚至连她自己都感到呆板无个性。直到上完课后她才发现自己属于冬天属性，并且开始大胆尝试大红、正蓝、 鲜紫这些色彩，当我再次见到她，她变得神采奕奕，整个人仿佛注入了一股生命力，完完全全显露出令人眼睛一亮的存在感。

图片提供/LOEWE

穿对色彩，让你神采奕奕迈向成功

穿着适合的色彩不只让人出色，更重要的是，很多人因此重新找回信心、肯定自我，进而更专注于工作；而亮丽、自信与全心投人，正是帮助成功的泉源。

来我们学院上过课的一些学员甚至跟我说，每当签合同时，只要穿对色，一定都会谈成功，令我为她们由衷高兴。

虽然我对磁场与色彩的关联并不十分了解，但是穿对颜色让你外观亮丽、充满自信，因而散发出迷人的吸引力，也让人觉得你充满着充沛的精力，这是人人都可以理解的。

图片提供/北京《时尚》杂志社

皮肤色彩属性，帮助你快速建立品味

图片提供/北京《时尚》杂志社

有一次我在外交部为官员夫人们做“穿着艺术”的讲习会时，有位美丽的夫人问我：陈老师，每次逛街，看到世界名牌专柜，都只有两、三种颜色，到底是什么原因呢？

我的答案是：名牌之所以成为名牌，就是因为它只有两三种色；名设计师总是明白如何让品牌突出，让独特的造型通过仅有的两三种颜色，塑造出强烈的风格。（虽然有些品牌是有好多颜色的，譬如像VERSACE，可是你可发现这些颜色都是有共同特色的，例如都很艳丽，这时所有的艳丽色彩也只能统称为一种色：艳丽色。）

所以说我们要穿出品味，最快、最容易的捷径，就是颜色绝对不要穿得太杂。而春、夏、秋、冬四季属性各自风格强烈，不但让你出众，更是帮助你轻易地建立品味的好方法。

皮肤色彩属性，让你的生活更方便

面对大部分女人的衣橱都客满的事实，你可能会认为女人喜欢拥有很多的衣服？然而在观察了上万个女人在穿着上的行为后，我发现其实大部分的女人所要的并不是“拥有”很多衣服，而是希望可“穿出”很多种不同的感觉，最重要的是——可以天天漂亮。

让衣橱里充满属于自己“皮肤色彩属性”颜色的衣服，就是让你“以最少的衣服数量，变化出最多种不同感觉”的最好方法。

因为春夏秋冬四季属性，每一季的色彩群都各自呈现“和谐而具统一性”的特色，如春季属性带黄底而干净明亮、夏季属性带蓝底而含蓄柔和、秋季属性带金黄而浓郁深厚、而冬季属性则带蓝底而纯正明晰，因此彼此之间很容易做搭配。若能够让衣橱里充满属于自己“皮肤色彩属性”颜色的衣服，你会发现“橱子里的十二件衣服，借助彼此间的搭配，可以穿出二三十种不同的穿法”。而不同季节属性的色彩因为特色不同，搭配起来就没有那么简单了，稍不小心就很容易打翻调色盘配出难看的颜色。

另外因为衣橱里的衣服都是让自己出众亮丽的色彩，你的穿着也会因此而天天“素质”整齐，不会因为今天的时间比较多，就比较漂亮，而时间少就比较不好看了。

图片提供/北京《时尚》杂志社

皮肤色彩属性，丰富了你的颜色选择

图片提供/北京《时尚》杂志社

可能你也会怀疑：色彩属性难道不会限制一个人的色彩生活？其实，“皮肤色彩属性”非但不会限制你，反而能丰富你的色彩天地。只要色调、彩度与明度正确，你几乎可以穿每一种颜色，而不是原本认定的：自己绝对不能穿某一个颜色。

另外，当你了解自己的“皮肤色彩属性”并熟悉配色秘方，你将具有“穿遍天下颜色”的魔力，因为你不但懂得如何选择适合自己“皮肤色彩属性”的服饰，还可以善用适合自己“皮肤色彩属性”的衣服来拯救那些不适合自己的衣服，譬如说，秋天属性的女人原来不适合穿纯黑色的衣服，可是只要你适时发挥魔力，用一件橘色的披肩来搭配，那件纯黑色衣服就又变回你的宝贵资产了。

穿对色彩，人更美了，你很难不爱自己；一个懂得爱自己的美丽佳人，自然而然就能创造出吸引幸福的磁场。祝福你，让我们一起成为美丽和幸福兼得的时尚佳人哦！

致　谢

LACOSTE

LOEWE

VERSACE

VERSUS

北京《时尚》杂志社

台湾古驰股份有限公司

台湾菲拉格慕有限公司

远东百货股份有限公司

香港商瑞士海外有限公司　台湾分公司

香港商意乔有限公司　台湾分公司

资生堂国际柜活颜悦色春妆

捷翊企业股份有限公司

感谢以上公司提供照片素材，谨此致谢

（各厂商按笔画顺序排列）

沐浴是女人最美好的独处时光
穿衣打扮则是女人和内在对话的神圣仪式
——时尚优雅系列
今天的心情，是极简的黑与白，
低调中蕴藏着奢华，像爱情一样耐人寻味。
——时尚优雅系列

陈丽卿形象管理学院http://www.styleonline.com.tw

喜欢在阴霾的日子里，穿上鲜艳的衣服，
就像在沮丧的时候总会想起你。
——时尚优雅系列

找对方法，女人的美丽就像花一样自然。
——时尚优雅系列

陈丽卿形象管理学院http://www.styleonline.com.tw

衣Q宝典

新粉领形象规划课程

时尚，是你的生活态度；
美丽，是你的存在方式；
专业，是你的工作习惯。
投资2天，学习10门课程，找到1个理想形象，
内在与外在圆融合一，智慧与魅力兼容并蓄，
享受工作，让天赋发光，
你就是无可取代的个人品牌！

课程单元

- 找出你的魅力色彩·探索你的身材特色
- 创造你的理想脸型·成功塑造个人风格
- 整体造型搭配美学·造型盲点轻松突破
- 个人专属配色秘笈·衣Q高手教战守则

图书在版编目（CIP）数据
色彩/（台）陈丽卿著.—北京：中国妇女出版社，2004.6
（时尚优雅系列）
ISBN 7-80131-997-4

Ⅰ.色...Ⅱ.陈...Ⅲ.女服—色彩—服饰美学
Ⅳ.TS976.4

中国版本图书馆CIP数据核字（2004）第036541号

色彩

作者：（台）陈丽卿
策划执行：史行果
责任编辑：朱婷婷 王振宇
文字整理：马可欣（台）
丛书策划：北京时尚博闻文化发展有限公司
网址：www.trendsmag.com
版式设计：北京市艺彩昭和图文制作有限责任公司
封面设计：J-Studio（台）
出版：中国妇女出版社出版发行
地址：北京东城区史家胡同甲24号　邮政编码：100010
电话：（010）65133160（发行部）　（010）65133161（邮购）
网址：www.womenbooks.cn
经销：各地新华书店
印刷：北京国彩印刷有限公司
开本：889x1194　1/24
印张：5.25
字数：50千字
版次：2004年6月第1版
印次：2004年6月第1次
印数：1-10000册
书号：ISBN 7-80131-997-4/G·493
定价：30.00元